火を使わずに香る新キャンドルスタイル

かんたん手づくり！
アロマワックスサシェ

Candle Studio 代官山

Contents

はじめに ………… 4
アロマワックスサシェとは？ ………… 6
知っておきたい ワックスの扱い方 ………… 8

Chapter 1
ベーシックな アロマワックスサシェ ………… 10

Botanical ／ Flowery ／ Natural ………… 12
そろえたい道具／ワックス／飾り ………… 18
ベーシックなアロマワックスサシェをつくる ………… 24

Chapter 2
色と香りをたのしむ アロマワックスサシェ ………… 34

顔料で色をつける ………… 36
染料で色をつける ………… 38
香りをつける ………… 40
さまざまな香り ………… 41

Chapter 3
形をたのしむ アロマワックスサシェ ………… 44

Shape1 ステンレスバット ………… 46
Shape2 クッキー型 ………… 48
Shape3 シリコンモールド ………… 50
Shape4 オリジナルのシリコンモールドをつくる ………… 52
　　　　ストロベリー／クッキー／香水のビン／イニシャル

Chapter 4

季節をたのしむ アロマワックスサシェ …………62

- Spring　サクラのサシェ …………64
  　　　　ベリーのブリキサシェ …………68
- Summer　海のサシェ …………72
  　　　　　貝殻のサシェ …………76
- Autumn　紅葉リーフのモビールサシェ …………80
  　　　　　ハロウィンガーランドサシェ …………82
- Winter　クリスマスオーナメントサシェ …………90
  　　　　ニットツリー …………94

Chapter 5

大切な人に贈る アロマワックスサシェ …………100

- for father & mother　フォトフレームサシェ …………102
- for friends　レターサシェ …………106
- for him　スティックサシェ …………112
- for baby　ミニベアサシェ …………114

Others

- いろんなものを on！ アロマワックスサシェに乗せられるもの …………32
- アロマワックスサシェをリサイクルする …………122

＊ワックスは油です。やけどの恐れがありますので、加熱の際は十分注意してください。
また、小さなお子さまには鍋やワックスを直接触らせないようご留意願います。

はじめに

わたしたちの暮らしの癒しアイテムとして、
欠かせないものとなってきたキャンドル。
そのうちのひとつ、
火を灯さずに香りをたのしむことができる
「アロマワックスサシェ」が注目を集めています。

とくに、本書で紹介する
「ベーシックなワックスサシェ」は
Candle Studio 代官山でも「ボタニカルコース」の中の人気講座。
ワックスの上に、植物を乗せて楽しむ作品のつくりやすさと
自由度の高さが、女性だけでなく、男性からも支持されています。

本書では、ベーシックなアロマワックスサシェだけでなく、
立体やスティックタイプのものなど、
さまざまな形の作品を紹介します。

「これもアロマワックスサシェ……⁉」と驚かれる方もいるかもしれません。
アロマワックスサシェは、
キャンドルづくりのテクニックを応用してつくるもの。
さらに、火を点けないアイテムという特徴から、
作品づくりに制約や注意点が少ないのもうれしいところです。

「アロマワックスサシェ」のよいところを
存分にいかしてつくったレシピたちをお楽しみください。

より多くの人に喜んでもらえることを
願いながら、この本をつくりました。
ぜひみなさんも、ゆっくり楽しみながらアロマワックスサシェをつくってみてください。

Candle Studio 代官山

アロマワックスサシェとは?

キャンドルに使うワックスに、アロマを混ぜて固めた「サシェ」。
火を使わずに香りを楽しめる、キャンドルの新しい形です。

火を灯さないキャンドル

アロマワックスサシェとキャンドルの最大の違い
は、「火を点けない」ということ。お子さんがいる
人や、ペットを飼っているからキャンドルやアロマが
たのしめない……といった悩みを抱えた人にこそ、
おすすめです。においが気になる来客の場や、収
納のなかにさりげなく入れて、アロマの香りを楽し
みましょう。

キャンドルよりも挑戦しやすい
カンタンなレシピ

キャンドルには火を灯すための「芯」があるため、その構造は少し複雑です。また、引火することが前提なので、燃え移りやすいものを飾りに使う場合はさまざまなことに注意が必要です。しかし、ワックスサシェにはそうした心配がありません。もちろん、つくるときは火を使うものなので注意は必要ですが(P.8参照)、お菓子づくりのようなレシピで、つくり方も楽しめます。

アロマの香りを堪能できる

土台となるワックスに、フレグランスオイルを注いでから固めてつくります。「サシェ」とは本来、「におい袋」を意味する言葉ですが、このアロマワックスサシェも、置いておくだけで香りを楽しめるという点から、こうした名前がつきました。本書では、レシピごとにふさわしい香りを紹介していますが、必ずしもこの通りでなくとも大丈夫です。自分の好きな香りでつくるのも、おすすめです。

知っておきたい ワックスの扱い方

注意すべきところをしっかりと把握して、安全にアロマワックスサシェづくりをたのしみましょう。

ワックス＝オイル。
温度には細心の注意を払って

本書で紹介するレシピには、ワックスに香料を入れる温度、容器に流し込むタイミングの温度をすべて明記しています。ワックスは油。すなわち、水とちがって100℃を超えてもボコボコと沸騰して危険を知らせてくれることはありません。ワックスの発火温度は約200～250℃といわれ、放っておくとこの温度にあっという間に到達することすらあります。鍋をIHヒーターにかけているときは、常に温度管理を忘れずに。危ないなと思ったらすぐに、IHヒーターをオフにしましょう。熱くなりすぎた鍋を触ると、やけどする恐れもあります。また、保管の際はタッパーなどの密閉できる容器に入れ、水気が入らないよう注意を。高温多湿の場所を避けて保管しましょう。

ワックス汚れに注意!!

基本的にワックスを取り扱うときは、作業台の上で行うようにしましょう。Candle Studio 代官山では、机の上にクラフト紙を敷き、紙が汚れたら取り替えるようにしています。茶色いクラフト紙だと、白いワックスも見つけやすく、事故や汚れを未然に防ぐことができます。また、作業時はエプロンを着用すると、万が一、服にワックスがとびはねた場合でも安心です。

一度使ったら必ず掃除を

こまめな掃除こそ、安全と清潔を保つ秘訣！　使用した鍋は、毎回きちんと掃除をしましょう。

1　使い終わった鍋は、火をかけて完全に残ったワックスを溶かす。右手でわりばしを使って、キッチンペーパーをスタンバイ。

2　キッチンペーパーで鍋底を拭くようにまわし、残りのワックスを拭き取る。

3　すべて拭き終えたところ。このまま水洗いせず、収納を。

Chapter 1

ベーシックな
アロマワックスサシェ

シンプルなシリコンモールドにワックスを流し込んでつくる、ベーシックなアロマワックスサシェ。まずは道具、ワックス、飾りのことから、アロマワックスサシェの基本的なつくり方まで、解説していきます。

Botanical

植物のもつ美しさを引き出す "Botanical"。
ドライフルーツやドライシードをメインにあしらいます。

Flowery

女性らしい華やかさを演出させる、花をふんだんに使った"Flowery"。
ベースは丸みのあるオーバルで統一しました。

Chapter 1 ベーシックなアロマワックスサシェ

Natural

身近な自然のものをあしらった "Natural"。
のびのびとした素材のよさが、そのまま生きる作品たちです。

Tools
そろえたい道具

まずはアロマワックスサシェづくりに欠かせない、基本の道具を紹介します。
いずれもホームセンターなどで手軽にそろえられるものばかりです。

a. ホーロー鍋
一般的なミルクパン。約700mlのものでほとんどの作品をつくることが可能。ホーロー鍋は熱が均一にまわりやすいので、ワックス（P.20参照）を溶かすのに適している。

b. IHヒーター
ワックスを溶かす、専用の1口タイプのIHヒーターがあると便利。作業時はワックスが引火しないように、周囲に何もない状態で作業を。

c. はかり
ワックスの分量をはかる際に必須。デジタル式のキッチンスケールがおすすめ。

d. 温度計
アロマワックスサシェづくりのキモとも言えるのが温度管理。デジタル式温度計があれば、細かい温度調節も自分で管理しやすい。

e. 目打ち
アロマワックスサシェの上部に穴をあけるためのもの。ない場合は、わりばしなどでも代用可。

f. ピンセット
アロマワックスサシェにドライフラワーなどの飾りを乗せるときに使うもの。飾りを乗せる作業は素早く行う必要があるので（P.26参照）、使い慣れたものを用意して。

g. 計量スプーン
アロマワックスサシェに香りをつける、香料（P.40参照）を注ぐ際に使用。調理用のものではなく、必ず専用の道具を。

h. 竹串
小さい作品に穴をあける際に、あると便利。

i. わりばし
鍋にワックスや顔料（P.36参照）、染料（P.38参照）を溶かしてかき混ぜるときに使用。いずれも汚れやすいので、使い捨てのもののほうがお手入れもカンタン。

j. はさみ
飾りとなるドライフラワーや小枝などを、作品に適したサイズに切り取る際に。ひとつ専用のものを用意しておくとよい。

k. カッター
型紙を使用する作品で使用。方眼紙を切ったり、固まったワックスの形を整えるのに使う。

l. クッキングシート
ワックスをのばす一時的な作業台として。ワックスが固まっても、クッキングシートからはがすことができるので、余ったワックスを再利用することも可能。

m. ヒートガン
ホームセンターやネットショップなどで購入可能。固まりすぎたワックスを温めて少し溶かすなど、微妙な調整をするのに役立つ。ヒートガンは約300～500℃と高温になるので、取り扱い時には軍手をするなどして、やけど対策を十分に行って。とくに、熱風が出る吹き出し口には触れないよう注意を。

Materials 1

ワックス

本書の作品をつくる際に使う9種類のワックス。
作品によって使用するワックスが異なります。

パラフィンワックス（135°F）
一般的なキャンドルの原料。写真のようなペレット状のものから、板状のものも。においを吸いやすい性質のため、アロマといっしょに保管しないように注意。
石油由来／融点58℃

パラフィンワックス（115°F）
パラフィンワックスのなかでも、融点が低いのが特徴。お風呂ぐらいの温度でもワックスが溶ける。板状のものが多い。
石油由来／融点47℃

ソイワックス
大豆からできたワックス。120℃以上になると酸化するので、加熱時には要注意。ソフトタイプとピラータイプがある。本書ではソフトタイプを使用。
植物由来／融点42〜58℃

パームワックス
ヤシの葉からつくられるワックス。固まると、結晶状の模様が浮き出るのが特徴。天然由来のワックスとして、人気が高い。
植物由来／融点67℃

パルバックスワックス
固まると樹脂のように固くなるところが特徴。立体的な作品に向く。写真のようなペレット状のものが一般的。
石油由来／融点65℃

ミツロウ
ミツバチの巣からとった天然のワックス。本書では、漂白タイプを使用。写真のような粒状のものやフレーク状のものも。
植物由来／融点63℃

マイクロクリスタリンワックス（ソフトタイプ）
粘り気が強く、よく伸びるのが特徴。酸化しにくく、熱や紫外線にも比較的強い。写真のように固形のものが多いので、ヘラなどで削って使用する。本書のレシピでは「マイクロソフト」と表記。
石油由来／融点77℃

バイバーワックス
単体では使用できないワックスで、通常はパラフィンワックスに混ぜて使用する。
石油由来／融点67℃

ジェルワックス
名前のとおり、やわらかなジェルのようなワックス。固まったあとも、右の写真のように手でちぎりとれるのが特徴。
石油由来／融点70〜90℃

Attention!
ワックスの引火点

ほとんどのワックスは約200〜250℃で引火します。取り扱いには十分気をつけましょう。また、150℃を超えると煙が出ます。この時点でワックスの品質も劣化してしまいます。

Materials 2
飾り

作品のかわいらしさを決めるカギとなる、飾りの数々。
冒頭に紹介した、ベーシックなアロマワックスサシェの3タイプの素材を紹介します。

Botanical

ボタニカル素材は、自然由来の美しさが魅力的です。
主に乾燥させた花や実がメインで、スパイス類も作品のアクセントに。

上段左から順に、ローズマリー、ペッパーベリー（緑）、ドライオレンジ、ドライアップル、シナモン。下段左から順に、マーガレット（ドライフラワー）、ペッパーベリー（赤）、ペッパーベリー（ピンク）、ライムブッシュ、マーガレット（ドライフラワー）。

Flowery

女性らしさを前面に出したいときは、華やかな花を使用するのがおすすめ。
プリザーブドフラワーやドライフラワーが適しています。

上段左から順に、オレガノ(ドライフラワー)、ブルーのあじさい(プリザーブドフラワー)、エメラルドグリーンのあじさい(プリザーブドフラワー)。
中段左から順に、ポアプランツ(プリザーブドフラワー)、センニチコウ(ドライフラワー)、紺色のあじさい(プリザーブドフラワー)。
下段左から順に、白いあじさい(プリザーブドフラワー)、スターチス(ドライフラワー)、ディルニウム(ドライフラワー)、センニチコウ(ドライフラワー)。

Natural

森や野原で拾ったものを、アロマワックスサシェに。
大切な思い出を残すツールとしても。

上段左から順に、どんぐり、アンバーバーム、松ぼっくり。
下段左から順に、小枝、乾燥させた猫じゃらし(エノコログサ)、ブラックベリー(ドライフラワー)、ヒイラギの葉。

Memo
リボン

アロマワックスサシェを吊るすのに必要なリボンたち。どんな色でも素材でもかまいません。上に乗せた素材の色味に合うものなど、自分なりのアレンジを存分に楽しみましょう。

ベーシックな
アロマワックスサシェをつくる

一番カンタンな基本のアロマワックスサシェの
レシピをご紹介します。
アロマの香りとともに、作品づくりを楽しみましょう。

Step 1　素材を選ぶ

まずは、どんな作品をつくりたいか、自分の中でイメージを考えてみましょう。ベーシックなものほど、飾りに使う素材によって、明確に作品の方向性が決まります。

組み合わせは無限大！

本書で掲載している作品は、どれも「こうでなければならない」という決められたものではありません。アロマワックスサシェは自由度が高いのも大きな魅力のひとつです。オリジナルの作品づくりを楽しんでください。

キホンは同系色をセレクト

「アロマワックスサシェづくりを楽しむ」のが一番ですが、どうしてもうまくいかない……と悩んでいる方は、素材選びに問題があるかもしれません。色とりどりの素材を使った作品はきれいですが、色味の選択は少し上級者向け。初めてつくる人でも失敗しないコツは、「同系色の素材を選ぶ」こと。同じプリザーブドフラワーでも、右の作品は寒色系の素材を、左の作品は暖色系の素材を使用することで、まとまりが出て品がよい印象になります。

Memo
テイストをそろえる

素材選びのポイントはもうひとつ。選ぶ素材のテイストを合わせることが肝心です。基本的には冒頭で紹介した、"Botanical" "Flowery" "Natural" の3種類を1つのアロマワックスサシェの中で混同させなければ、うまくいくはず。素材選びで悩んだら、ぜひ試してみてください。

Step 2 デザインを考える

一番大事なのは事前の準備です。どんな作品にしたいか、実際に手を動かして完成図をイメージしましょう。

事前に必ず完成図をつくる

28ページから実際にアロマワックスサシェのつくり方を紹介しますが、
その前にしっかりとどんな作品をつくりたいかを考えておきましょう。
「こんな作品がつくりたい……」というぼんやりとしたイメージのまま作業を進めると、
いざ素材を乗せるときに、きっと上手にできないことでしょう。
アロマワックスサシェは、ワックスが固まるその直前に飾りの素材を乗せていきます。
ここで手間取っていると、あっという間にワックスが固まってしまいます。
手早く素材を乗せることも大事ですが、まずは素材を使って、
どんなふうに配置をするか、じっくりと完成作品をイメージしましょう。
この作業を抜いてしまうと、思っていた通りの作品にはなりません。

OK例 & NG例

どちらも同じ飾り素材を使った作品です。
完成図がないと、失敗しがちなのが一目瞭然です。

中心にオレガノをきれいに並べたもの。

ワックスが固まる直前に、あわてて配置してしまったNG例。

マーガレットとペッパーベリーが、きれいに並んでいるもの。

飾り素材がすべてワックスに沈んでしまったNG例。

Memo

ワックスが固まる直前に素材を乗せること！

上のマーガレットのアロマワックスサシェのNG例は、ワックスが固まる前に飾り素材を乗せてしまったため。ワックスの表面に素材が乗らず、せっかくの素材がワックスの中に沈み込んでいます。

ベーシックなワックスサシェのつくり方

一番カンタンなアロマワックスサシェのつくり方を紹介します。
P.12でご紹介した"Botanical"のシリーズです。

<材料>
PM5 ブレンドワックス……50g
(パラフィン135°F 47g、マイクロソフト3g)
顔料……ホワイト、バニラ
香料……オレンジ
ドライオレンジ、ペッパーベリー、ラスカス(ディッピングしたもの)

<道具>
基本の道具(P.18参照)
シリコンモールド(長方形)

1 長方形の市販のシリコンモールドの中に素材を並べて、作品の完成図をつくる。

2 ホワイトとバニラの顔料を用意する。

3 ワックスを溶かし、ホワイトの顔料をひとかけ入れてかき混ぜる。

4 バニラの顔料をひとかけ入れる。

5 2色の色のバランスを見ながら、温度計かわりばしでかき混ぜる。少しずつ顔料を足して、好みの色に近づける。

6 ワックスの温度を70℃まで下げる。

7 香料を注ぎ入れる。

8 ワックスの温度を85℃まで上げる。

9 鍋から直接、シリコンモールドにワックスを流し入れる。

10 ワックスのそばに、1で考えた完成図の通りに素材を置く。そばに準備しておくと、あとで作業がしやすい。

11 ワックスの四方が白くかたまり、表面に薄い膜のようなものが見えるまで待つ。

12 11のタイミングで、飾りの素材を手早く乗せる。

13 2つ目の素材を乗せたところ。

14 すべての素材を乗せて、微調整をしたら、そのまま固める。

15 ヨウカンぐらいの固さになったら、わりばしか目打ちで穴をあけて完成。

つくり方のポイント

ベーシックなアロマワックスサシェ "Botanical" "Flowery" "Natural" 3種のそれぞれのつくり方のポイントを紹介します。

Botanical

 ドライフラワーは虫よけにディッピング（ロウ引き）を！

ディッピングの方法

1 パラフィンワックスの温度を100℃まで上げて溶かす。

2 使用するドライフラワーをピンセットでつまむ。

3 そのまま鍋にくぐらせる。

4 すぐに引き上げて、表面にワックスが薄くついた状態にする。

5 ほかの素材も同じようにディッピングする。

6 鍋から引き上げたらクッキングシートの上に置いて乾かす。ワックスにくぐらせることで、固さが強化され、虫よけになる。

Flowery

 ドライフラワーを使う場合は、P.30と同じくディッピングを忘れずに。

 プリザーブドフラワーは、本来の花の色ではなく、着色したり脱色してある素材。
あまり濃すぎる色のプリザーブドフラワーを多用すると、きつい印象になるので要注意。

Natural

 ひろってきたものは必ず消毒をする。

 野草などは、乾燥させてから使うこと。

Memo
ひろってきたものの消毒方法

木の実などは、見た目がきれいに見えても虫が入っていることがあります。使用前に必ず煮沸消毒をしましょう。とくに、穴があいているものは虫くいの可能性大。そのほかの野草や小枝は、きれいに洗ってから干すことが肝心です。水気があるまま素材として使用すると、作品が劣化する原因となります。

Column
いろんなものを on！
アロマワックスサシェに乗せられるもの

乾燥していない、生の植物などはアロマワックスサシェには使えません。プラスチックや紙など、意外なものも飾り素材として使うことができます。

Doll

ドール
樹脂でできたリス、ピンバッチの白クマ、マグネットの黒猫、陶器でできた馬のフェーブ……。いずれも指に乗るくらいの小さなアニマルモチーフ。素材を問わず、作品に使うことができます。

Antique charm

アンティークチャーム
年代を感じさせるアンティークチャームは、作品に深みを与えます。これは昭和の学生服に用いられていたアルファベットの金具。

Button

ボタン
アンティークショップで売られているボタン。裏面に突起があるタイプだと、よりワックスに差しやすいのでおすすめ。

ピック
ポップに仕上げたいとき、メッセージを直接伝えたいときに役立つのがお菓子などに使うピック。フォトプロップも◎。

Pick

Paper & Cloth

紙・布
意外に感じる方も多いかもしれませんが、アロマワックスサシェは火を灯さないので、紙だって乗せることができます。外国のチケットやお気に入りのアンティーク切手、レースペーパーなど。ヘアゴムについていたリボンなども切り離せば素材になります。

Ore & Sea glass

鉱石・クリアストーン
人気の鉱石も、小さいものであれば素材として使うことができます。クリアストーンは貝殻などといっしょに使うと、より夏らしさを演出。

Chapter 1 ベーシックなアロマワックスサシェ

Chapter 2

色と香りをたのしむ
アロマワックスサシェ

アロマワックスサシェの魅力は、なんといってもその作品の自由度の高さです。色や香りについて、この作品はこうでなければならないという決まりはありません。色のつけ方から香りのつけ方まで、しっかり覚えましょう。

Color 1
顔料で色をつける

ほとんどのワックスが透明や白っぽい色味のため、
好みの色をつけるには顔料または染料を用います。

一番左の列、上から蛍光グリーン、ライトグリーン、グリーン、ブラック。
左から2番目の列、上から蛍光イエロー、イエロー、ホワイト、ピンク。
右から2番目の列、上からライトローズ、蛍光ピンク、レッド、バニラ。
一番右の列、上からターコイズ、ライトブルー、ベージュ、ブルー。

顔料

本書で使用するのは、キャンドル用として売られている顔料です。ものによって、フレーク状や粒状、粉末状などさまざまです。ここで紹介したのはごく一部で、自分の好きな色を選ぶことができます。顔料はワックスに溶かして着色させます。80℃以上で溶かさないと、うまく発色しなかったり、顔料が溶けなくなってムラが出たりします。

左の顔料をワックスに溶かして固めた色見本。

Color 2
染料で色をつける

顔料よりも透明感がある色をつけたいときは、染料がおすすめです。

左側の列、上からチョコレートブラウン、アイボリーブラウン、モーヴ。
右側の列、上からティールグリーン、ホワイト、レモンイエロー。

染料

染料とは、水などに溶解させて着色に用いる有色の物質のことです。キューブ状に固められたものがほとんどで、使うときはカッターなどで削って使います。透明感のある色味が特徴です。ワックスに混ざりやすいので、色の調節やマーブル模様(P.82 参照)の作品をつくるときにも便利です。

着色のポイント

①顔料

1　一度に色を入れすぎないよう、まずは少量の顔料を手のひらにとる。

2　ワックスを溶かした鍋に、1を入れる。

3　顔料を入れたらわりばしなどで混ぜ、全体の色味を見る。少しずつ顔料を足し入れて、色をつくる。

②染料

1　あらかじめ、作業台の上に染料を削っておくと使いやすい。

2　ワックスを溶かした鍋に、1を足し入れる。足りない場合は、一度火をとめてから鍋の上で染料を直接削り入れる。

3　かき混ぜて、色味を調整したもの。

Aroma
香りをつける

アロマワックスサシェのカギをにぎる、香り。
自分の好みや作品のテイストに合わせて、香りを選びましょう。

左からバニラ、プルメリア、サンダルウッド、レモングラス、ラベンダー、ジュニパー、サクラ。

アロマワックスサシェに使うのは「フレグランスオイル」

アロマと聞くと、フレグランスオイルやエッセンシャルオイルを思い浮かべるかと思います。本書で使うのは、前者のフレグランスオイル。100％天然のエッセンシャルオイルとちがって、香りの効能などは期待できませんが、その分、香りが強く長持ちしやすいのが特徴です。

1作品あたり5〜8％に設定

5〜8%

本書では、アロマの量は、ワックスの総量に対して5〜8％としており、それぞれの作品で使用するワックスに合わせて設定しています。この配分であれば、強すぎず、弱すぎない適切な香りを一年ほど楽しむことができます。作品のグラム数などを変えて作る場合も、この5〜8％の基準を守っておけば、ほどよいアロマの香りを楽しめます。

> **Memo**
> 香りに弱い人は作成中に十分な換気を！
>
> よい香りのフレグランスオイルですが、人によっては強すぎる香りが体に合わない場合も。とくに、ワックスにアロマを注ぎ入れて熱すると、香りはより強くなります。気分が悪くなる人もいるので、作成中は十分な換気を行うように心がけましょう。

シーン別のおすすめ
さまざまな香り

今や、手に入るアロマの種類は実に豊富です。
使いたいシーンに合わせて、香りを選びましょう。

おもてなしに最適
フローラル系

ローズ

だれもが好きなバラの香り。お客様をお迎えする玄関先や、ギフトとしてもぴったり。とくに女性らしさを好む人には喜ばれること間違いなし。ほかの香りとも相性がよいので、別のサシェといっしょに贈っても大丈夫。

プルメリア

ハワイやバリ島が原産のプルメリア。南国リゾートを思わせるその香りは、甘く透明感たっぷり。リゾート気分にひたれるので、リラックス効果も抜群。優雅な花の香りは、人を幸せにする効果があるとも言われます。

チェリーブロッサム

もはや日本だけでなく、世界で愛される春の花。春の季節の贈り物に最適。P.64で紹介した作品のように、形そのままをサクラになぞらえると、よりスペシャルなギフトになります。

ストロベリー

すこし子どもっぽいかも、と敬遠してしまう人もいるかもしれませんが、その甘酸っぱい香りがクセになる人も多数います。P.53で紹介したように、ストロベリー型のサシェをつくるときはぜひ合わせてみて。

クローゼットなどの収納に
さわやか系

レモングラス
アジアフード、なかでもタイ料理などでよく見かけるハーブの1種。レモンよりもすっきりとした香りで、虫よけなどにも用いられます。洋服ダンスや水回りに置くサシェにも◎。

ユーカリ
コアラが食べる葉として有名ですが、その香りはとても強く、魅力的。花粉症の時期には、これをかぐだけで鼻をスッキリとさせる効果も。気分をリフレッシュさせたいときに使うサシェにおすすめ。

レモン
柑橘系の香りのなかでも一番スタンダードなもの。集中力や、やる気を高めたいときにおすすめ。交渉の場や、仕事部屋などに置くサシェに使うと効果が期待できるかも。

ペパーミント
スイーツのつけ合わせなどでもおなじみのミント。メントールの香りが、頭をすっきりとさせ、クールダウンに最適。リフレッシュしたいときに用いて。水回りに置くと好印象を与えやすい香りです。

グレープフルーツ
レモンと同じく、柑橘系の代表的な香り。レモンよりもほのかな苦みがあり、少し大人っぽい印象に。甘いフローラル系との相性もよい香りです。

男女問わず人気
ナチュラル系

アップル
果物の甘さと、フレッシュな爽快感をあわせもった香り。アロマになじみのない人でも、すんなりと受け入れられる、万人から好かれる香りです。

マンゴー
とろりとした果肉を思わせるような、甘い香り。南国をイメージさせるその香りは、男女問わず人気です。思いっきりフルーティな香りを楽しみたい作品に使ってみて。

シナモン
製菓材料としてもおなじみのシナモン。ベーシックなアロマワックスサシェでは"Botanical"テーマの素材としても使いました。ミステリアスな独特のハーブの香りが楽しめます。

枕元や寝室に
リラックス系

ラベンダー
安眠効果が期待できる、おなじみのハーブといえばラベンダー。手に入りやすいのも嬉しい点。お気に入りのサシェをつくって、枕元にそっと置いてみてください。

ローズマリー
清潔感あふれる香り。料理でも生薬としても使われており、その独特の草のにおいが、プライベートな空間をよりいっそう、リラックスした空間へとワンランクアップさせてくれます。

バニラ
バニラアイスでおなじみの、バニラビーンズの甘い香り。どこか懐かしい甘い香りに、思わず身も心もリラックスするでしょう。

Chapter 3

形をたのしむ
アロマワックスサシェ

ここまで紹介したベーシックなアロマワックスサシェは、長方形やオーバル形など、シンプルな形のものでした。けれど、ワックスは自由自在に形を楽しむことができます。この章では、そのテクニックとなる成型の手段（道具）から解説していきます。

Shape 1

ステンレスバット

ワックスをシート状に流し込むのに適した道具です。
大小ひとつずつあると、重宝します。

ステンレスバットとは

調理器具でよく用いられるので、目にしたことがある人も多いかと思います。広い面積に平たくワックスを固めたいときに最適です。また、ステンレス製のフィナンシェ型やマドレーヌ型はそのままサシェの型としても使えます。

シリコンバットで代用可。

ステンレスバットを使う前は「離型剤」を忘れずに！

ワックスを流し込んで固めたあと、固まったワックスをスムーズに取り出すためには、離型剤が欠かせません。使用前に、スプレータイプの離型剤をあらかじめ吹きかけておきましょう。

使用後のお手入れ方法

ワックスは、固まると汚れが取りにくくなります。使用後に必ずお手入れするクセをつけましょう。

1　ステンレスバットにヒートガンをかけて、残ったワックスを溶かす。

2　ティッシュなどでステンレスバットをきれいに拭く。

Memo
ワックス量のめやす

本書で紹介する作品のレシピには、それぞれワックス量のめやすを記載してあります。バットやシリコンモールドひとつで、大体どれぐらいのワックスが必要なのかを、把握しておくと、つくる前の用意がラクになります。

Point
必要な量は水ではかる
ワックスと水の重さはほぼ同じ。必要なワックス量は、シリコンモールドやバットに完成予定と同じ深さ分の水を入れてはかれば、算出できます。細かく体積を算出したいときは、「タテ×ヨコ×深さ」で計算を。

ピンクの長方形シリコンモールド
(タテ8cm×ヨコ5cm)
約40〜50g

グリーンのオーバルシリコンモールド
(タテ10cm×ヨコ7cm)
約60〜80g

細長ステンレスバット
(タテ10cm×ヨコ20cm)
約100g

ステンレスバット
(タテ14cm×ヨコ20cm)
約150g

オレンジのシリコンバット
(タテ28cm×ヨコ28cm)
約150g

＊深さは0.2〜2cmめやす。つくりたいものの厚みに合わせ、ワックス量を変更することができます。

Shape 2

クッキー型

簡単にワックスを好きな形に抜くことができます。
その手順は、本物のクッキーづくりそっくり。楽しみながら作業してください。

ヒイラギのクッキー型を使ったクリスマスオーナメントサシェ（P.90 参照）。

プラスチック製もOK

クッキー型には、48ページのようなオーソドックスなステンレス製のものから、右側の写真のようなプラスチック製のものもあります。白い方は、シュガークラフトの型。細かな形をきれいに抜くことができます。

バットと組み合わせて使う

1 ステンレスバットにワックスを流し込み、ヨウカンぐらいの固さになるまで固めます。

2 クッキー型を押します。完全に固まってからだと、クッキー型が押せないので、この固さがポイントです。

Complete!

使用後のお手入れ方法

クッキー型も、ステンレスバットと同じように、使用後にお手入れするクセをつけましょう。ステンレス製、プラスチック製とも、少し弱めにヒートガンをかけて残っているワックスを溶かします。ぬるま湯で洗ってもかまいません。ティッシュできれいに拭き取ればOK。

Shape 3

シリコンモールド

市販の製菓用シリコンモールドをアロマワックスサシェづくりに応用することが可能です。
さまざまな型が販売されているので、是非いろいろなタイプを試してみてください。

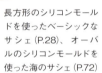

長方形のシリコンモールドを使ったベーシックなサシェ(P.28)、オーバルのシリコンモールドを使った海のサシェ(P.72)

使用後のお手入れ方法

シリコンモールドは、ステンレス製よりも汚れが残りやすい性質です。念入りにお手入れしましょう。

1　使用後のシリコンモールド。ワックスがところどころに残っている。

2 片手にティッシュを持った状態で、ヒートガンをかける。

3 素早くティッシュで汚れを拭き取る。

4 すべてきれいになったところ。

Shape 4
オリジナルのシリコンモールドをつくる

市販品のシリコンモールドでつくりたい型が見つからない……。
そんなときは、自分でシリコンモールドづくりにチャレンジしてみましょう！

意外とカンタン！
ぜひマスターしたいテクニック

シリコンで型を取る……と聞くと、かなり高度な技のように感じるかもしれません。けれど、基本はサシェづくりと同じ。液体を入れて固めるだけの作業です。市販品と同じく、オリジナルシリコン型も繰り返し使えることができて便利です。

用意するもの

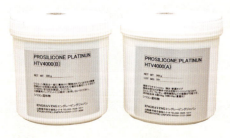

シリコン剤
2種類のシリコン剤を掛け合わせる。本書では、エングレービングジャパン社製のシリコン剤AとBを1：1の割合で混ぜて使用。シリコン剤の分量は、シリコン剤を入れる容器の重さから、型をとるもの（ビンなど）の重さを引いたもの。少し多めに用意しても◎。

シリコン用離型剤
型をとるものに、ハケで塗るタイプの離型剤。

粘土
シリコン型の底面に貼り、シリコンが流れ出るのを防ぐ。

オリジナルシリコン型づくり①

ストロベリー

<材料>
市販の生のストロベリー
シリコン剤（約40g）
粘土

<道具>
はかり、紙コップ、はさみ、カッター

1 ストロベリーを1つ用意する。ずっと形が残るものなので、できるだけきれいなものを選んで。

2 紙コップの底に粘土を敷き詰める。

3 粘土の上にストロベリーを置く。

4 シリコン剤を用意し、2種類をよくかき混ぜる。

5 3の上にシリコン剤を注ぎ入れる。

6 ストロベリーが見えなくなるまでシリコン剤を注いだところ。

7 シリコン剤が完全に固まったら、はさみで紙コップのフチを切る。

8 紙コップをめくるようにして破る。

9 底面の粘土をはがす。

10 シリコンの上部にカッターの刃を入れ、切り込みを入れる。

11 切り込みからめくるようにして中のストロベリーをかきだす。

使用例
ストロベリーサシェ

かまくらのような小さなシリコン型が完成。赤色に着色したワックスを流し入れれば、ストロベリーの表面のつぶつぶの種まで再現された、リアルなサシェの完成です。

オリジナルシリコン型づくり②

クッキー

<材料>
市販のクッキー
シリコン剤（約200g）
粘土

<道具>
ステンレスバット（あらかじめ離型剤を塗ったもの）
はかり
麺棒

1 市販のクッキー2枚とステンレスバットを用意する。

2 粘土を用意する。

3 粘土を麺棒などで平らに伸ばす。

4 ステンレスバットの底に粘土を敷き詰める。

5 粘土の上にクッキーを押しつけるようにして2枚並べる。クッキーが割れないように注意。

6 シリコン剤を用意し、2種類をよくかき混ぜる。

7 5の上にシリコン剤を注ぎ入れる。

8 クッキーが見えなくなるまでシリコン剤を注いだところ。

9 完全にシリコン剤が固まったら、ステンレスバットから取り出す。裏返し、粘土をめくるようにしてはがす。

10 そっとクッキーを取り出す。

11 2枚のクッキーを取り出したところ。これで、クッキーのシリコン型が完成。

使用例
クッキーサシェ

ベージュに着色したワックスを流し入れれば、リアルなクッキーサシェの完成。クッキーの模様や印字まで、細かく再現できます。

オリジナルシリコン型づくり③
香水のビン

<材料>
市販の香水（ガラス製でもプラスチック製でも可）
シリコン剤（約400g）
シリコン用離型剤
粘土

<道具>
はかり、方眼紙、ハケ、ガムテープ、カッター、ブロックトイ

1　市販の香水を用意し、方眼紙の上に置く。ビンの底面より一回り大きいサイズを写しとる。

2　香水の高さも同じように方眼紙に写しとり、ビンが入るような箱の展開図をつくる。

3　2にガムテープを貼り、5つのパーツをつなげる。

4　香水のビンに、ハケでシリコン用の離型剤を塗る。

5　3の箱を組み立て、中に粘土を敷いてから香水のビンを入れる。

6　シリコンを入れる前に、箱をブロックトイなどで囲う。シリコンを注ぐと、方眼紙の箱が膨張するので、たわみを防ぐ。

7 シリコン剤を用意し、2種類をよくかき混ぜる。

8 6の箱の中にシリコン剤を注ぎ入れる。

9 香水のビンが見えなくなるまで、シリコン剤を注いだところ。

10 完全に固まったらブロックトイを取り、底面の粘土をはがす。

11 ビンの底面にカッターを入れ、シリコン型を切る。

12 反対側も切れ目を入れ、シリコン型を半分に切って完成。

使用例
香水ビンのサシェ

高さがあるシリコン型は、半分に切ってしまうため、ワックスを流し入れるときは、写真のように輪ゴムなどでしっかりと留めてから作業を行います。ほかにもマニキュアのビンなどでも、かわいらしく仕上がります。

オリジナルシリコン型づくり④

イニシャル

<材料>
市販のイニシャルブロック(木製)
シリコン剤(約400g)
シリコン用離型剤
粘土

<道具>
はかり、方眼紙、ハケ、ガムテープ、麺棒、カッター

1 市販のイニシャルブロックを用意する。

2 方眼紙の上に寝かせて置き、一回り大きい四角形を写し取る。

3 イニシャルブロックの高さも同じように方眼紙に写しとる。

4 イニシャルブロックが入るような箱の展開図をつくる。

5 4にガムテープを貼り、5つのパーツをつなげる。

6 粘土を用意する。

7 粘土を平らに伸ばす。

8 7で伸ばした粘土を、5の箱の底面に乗せる。

9 底面の形に合わせ、余分な粘土をカッターで切り取る。

10 箱を組み立てる。

11 イニシャルブロックに、ハケでシリコン用の離型剤を塗る。

12 箱の底面の粘土に押しつけるように、イニシャルブロックを入れる。

13 シリコン剤を用意する。

14 2種類を少しずつ、よく混ぜ合わせる。

15 シリコン剤を注ぎ入れる。

16 すべて注ぎ入れたところ。

17 シリコンが完全に固まったら、箱のフチのテープをはがしてシリコンごと取り出す。

18 底面の粘土をめくるようにしてはがす。

19 後ろから指で押して、イニシャルブロックの下部分を取り出す。

20 同じように上部分も取り出す。

21 きれいに取り出したところ。左側が完成したシリコン型。

使用例
イニシャルブロックのサシェ

ターコイズで着色したイニシャルブロックのサシェ。たくさん文字をつなげてメッセージにしても。イニシャルの上に花やグリーンを飾ってもすてきです。

Chapter 4

季節をたのしむ
アロマワックスサシェ

日本ならではの美しい四季の彩りを、アロマワックスサシェで再現してみました。香りで春を、涼やかな見た目で夏を感じましょう。秋や冬のイベントを盛り上げるアイデアもたくさん紹介します。

Spring

サクラのサシェ

春の代名詞ともいえるサクラ。
香料にもサクラを使えば、
見た目でも香りでも春を感じられます。
お客様をおもてなしする玄関先に
さりげなく置いて。

Chapter 4 季節をたのしむアロマワックスサシェ

サクラのサシェ

<材料>
PM5ブレンドワックス……60g
(パラフィン135°F 57g、マイクロソフト 3g)
顔料……ライトローズ
香料……チェリーブロッサム(8％、5ml)

<道具>
基本の道具(P.18参照)
バット(あらかじめ離型剤を塗ったもの)
サクラのクッキー型

1 ライトローズの顔料を用意する。

2 ワックスを用意し、IHヒーターで溶かす。ブレンドワックスは融点が高いマイクロソフトを鍋の下側に入れて、パラフィンといっしょに溶かす。

3 ライトローズの顔料をひとかけ入れる。

4 色のバランスを見ながら、わりばしでかき混ぜる。少しずつ顔料を足して、好みの色に近づける。

5 ワックスの温度を70℃より下げる。

6 チェリーブロッサムの香料を注ぎ入れる。

7　ワックスの温度を85℃まで上げる。

8　鍋から直接、ステンレスバットにワックスを流し入れる。

9　ヨウカンぐらいの固さになるまで待つ。指で押して確認するとよい。

10　サクラの形のクッキー型を用意する。

11　クッキー型を固まったワックスに押していく。

12　まんべんなく型を押したところ。

13　完全に固まるまで待つ。固まったら、バットを対角線上に持ち、ひねるようにしてワックスとバットを離す。

14　左手側にバットを倒してから開けると、あらかじめ塗っておいた離型剤の作用で、簡単にバー状のワックスが取り出せる。

15　上から指で押し、サクラの形を取り出して完成。

Chapter 4　季節をたのしむアロマワックスサシェ

Spring

ベリーのブリキサシェ

パステルカラーのブリキ缶に、
ストロベリーのサシェをオン。
ミニブーケのような
華やかな存在感が楽しめます。

Chapter 4 季節をたのしむアロマワックスサシェ

ベリーのブリキサシェ

<材料>
ソイワックス……100g
ポアプランツ、カスミソウ、あじさい2種（プリザーブドフラワー）、マーガレット（ドライフラワー）
ストロベリーのサシェ
香料……ストロベリー（8%、8ml）
ブリキ缶

【ストロベリーのサシェ】
PM5ブレンドワックス……6g
（パラフィン135°F 5g、マイクロソフト 1g）
顔料……レッド
香料……ストロベリー（8%、0.5ml）

<道具>
基本の道具（P.18参照）
ストロベリーのシリコン型（P.53参照）
＊市販のシリコン型でも代用可。

1 ブリキ缶を用意する。ストロベリーのサシェは、P.66の手順で型に流し込み、あらかじめつくっておく。

2 ブリキ缶の中に素材を置き、完成図をつくる。

3 ワックスを用意し、IHヒーターで溶かす。

4 ワックスの温度を50℃まで上げる。

5 ストロベリーの香料を注ぎ入れる。

6 ワックスの温度を45℃前後に調節する。

7 鍋から直接、ブリキ缶にワックスを流し入れる。

8 ワックスを注ぎきったところ。ソイワックスが白く固まるまで待つ。

9 固まったら、あらかじめつくっておいたストロベリーのサシェを乗せる。

10 マーガレットのドライフラワーをピンセットで乗せる。

11 あじさいのプリザーブドフラワー（写真はブルー）を乗せる。

12 もう1つのあじさいのプリザーブドフラワー（写真はホワイト）を乗せる。

13 ポアプランツのプリザーブドフラワーを乗せる。

14 最後にカスミソウのプリザーブドフラワーを乗せる。

15 全体を微調整して完成。

Summer

海のサシェ

キラキラ輝くパームワックスをベースに
海の素材をあしらったサシェ。
夏のクローゼットを涼しげに演出します。

海のサシェ

＜材料＞
パームワックス …… 80g
顔料 …… ターコイズ
香料 …… タヒチアンオーキッド（8％、7ml）
シェル数種、ヒトデ、クリアストーン

＜道具＞
基本の道具（P.18参照）
オーバル型のシリコンモールド

1 シリコンモールドのそばに素材を置き、完成図をつくる。

2 ターコイズの顔料を用意する。

3 ワックスを用意し、IHヒーターで溶かす。

4 溶かしたワックスの中に、顔料をひとかけ入れ、色味を調節する。ワックスの温度が70℃を切るまで下げる。

5 タヒチアンオーキッドの香料を注ぎ入れる。

6 ワックスの温度を90℃まで上げる。

7 鍋から直接、シリコンモールドにワックスを流し入れる。

8 パームワックスは、少し固まると表面に結晶のような膜が張る。

9 8の膜が出たら、一番下の飾り素材を乗せる。

10 手早く、次の素材を乗せる。

11 細かいパーツはピンセットを使って乗せる。

12 すべての素材を乗せたところ。

13 上からヒートガンを軽くかけ、飾り素材とワックスを固定させる。

14 完全に固まると、淡いブルーになる。シリコンモールドの対角線上を両手で持って少しひねり、サシェを取り出す。

15 シリコンモールドから外し、リボンをつけて完成。

Summer

貝殻のサシェ

本物のシェルの上にジェルワックスを浮かべて、
小さなビーチを再現。
クラッシュさせたワックスが波打ち際を思わせます。

Chapter 4　季節をたのしむアロマワックスサシェ　77

貝殻のサシェ

<材料>
ジェルワックス……50g
顔料……蛍光イエロー、蛍光グリーン、ターコイズ
香料……ココナッツ（8％、4ml）
シェルパーツ数種、パール、オレガノ、
ペッパーベリー（ディッピングしたもの）
ホタテの貝殻

<道具>
基本の道具（P.18参照）

1　貝殻の上に素材を置き、完成図をつくる。

2　蛍光イエロー、蛍光グリーン、ターコイズの顔料を用意する。

3　ワックスを用意し、IHヒーターで溶かす。

4　溶かしたワックスの中に、3つの顔料を少しずつ入れ、色味を調節する。

5　ワックスの温度を120℃まで上げる。

6　ココナッツの香料を注ぎ入れる。

7 ワックスの温度が110℃になるよう調節し、鍋から直接、貝殻にワックスを流し入れる。

8 注ぎ終わったところ。ジェルワックスは固まるのが早いので、まわりに素材を準備しておくとよい。

9 少し固まったら、一番下の飾り素材を乗せる。

10 大きな素材は手で乗せる。

11 小さなパールは、慎重にピンセットを使って乗せる。

12 鍋を少し触って粗熱がとれたことを確認してから、鍋の底に残っているワックスを持ち上げるようにしてはがす。

13 ジェルワックスの特性を生かし、鍋からはがしたワックスを手で細かくちぎる。

14 すべてちぎったところ。クラッシュと呼ばれる、キャンドルの手法のひとつ。

15 ピンセットを使って、さざ波をイメージしながら、ちぎったジェルワックスを上に乗せて完成。

Autumn

紅葉リーフのモビールサシェ

本物の落ち葉と見間違えそうなリアルなサシェ。
難しそうに見えるけれど、
シリコンモールドを使えば葉脈まで簡単に再現できます。

Chapter 4 季節をたのしむアロマワックスサシェ   81

Autumn

ハロウィンガーランドサシェ

みんなが集まるパーティーには、
とびっきりのガーランドでお祝いを。
マーブル模様の星型サシェがポイントです。

Chapter 4　季節をたのしむアロマワックスサシェ

紅葉リーフのモビールサシェ

<材料>
【ワックス】
・みつろう（漂白タイプ）……30g
・パラフィンワックス135°F……15g
・パラフィンワックス115°F……15g
染料……バーガンディー
香料……シナモン（8%、5ml）

<道具>
基本の道具（P.18参照）
リーフ型シリコンモールド

1　市販のリーフ型シリコンモールドを用意する。

2　みつろう、パラフィンワックス135°F、パラフィンワックス115°Fをそれぞれ用意する。

3　3つのワックスを別々の鍋で溶かし、1つの鍋に注ぎ入れる。ワックスの融点が異なるので、必ず別々に溶かすこと。

4　IHヒーターから鍋をはずし、鍋の上にカッターで染料を削り入れる。色味を少しずつ調節する。

5　ワックスの温度を80℃に調節し、シナモンの香料を注ぎ入れる。

6　再びIHヒーターに鍋をかけ、ワックスの温度が70～75℃になるように調節し、鍋からはずす。

7 作業台にクッキングシートを敷き、鍋とシリコンモールドを並べる。スプーンでワックスをすくいとる。

8 スプーンの背を使って、ワックスを塗り込むようにしてシリコンモールドに広げる。

9 もう1つのシリコンモールドにも同じようにワックスを塗る。

10 全部塗り終えたところ。写真のように、表面が白っぽくなるまで乾かす。

11 クッキングシートからシリコンモールドをはがし、両手に持つ。

12 2つの型を合わせる。両手を使ってギュッとプレスし、葉脈の模様をつける。

13 はみでたワックスをはさみで切り取る。

14 片側の型を外したところ。型から外したら、両手で葉の形を整える。

15 まだやわらかいうちに、わりばしでリボンを通すための穴をあけて完成。固まったらリボンを通す。

Chapter 4　季節をたのしむアロマワックスサシェ

紅葉リーフのモビールサシェ
～2色のグラデーションパターン～

<材料>
【ワックス】
・みつろう（漂白タイプ）……30g
・パラフィンワックス135°F……15g
・パラフィンワックス115°F……15g
染料……バーガンディー、イエロー
香料……シナモン（8%、5ml）

<道具>
基本の道具（P.18参照）
リーフ型シリコンモールド

1　P.84と同じようにワックスを溶かし、2色分の鍋を用意する。

2　スプーンを使って、シリコンモールドの上部分にのみ、赤いワックスを塗る。

3　片側も同じように、上部分に赤いワックスを塗る。

4　黄色いワックスをシリコンモールドの下部分に塗る。

5　片側も同じように、下部分に黄色いワックスを塗る。

6　全部塗り終えたところ。表面が白っぽくなったら、P.85と同じように2つの型を合わせてプレスする（以下、同様）。

ハロウィンガーランドサシェ
~マーブル模様の星型サシェ~

<材料>
PM5ブレンドワックス……150g
(パラフィン135°F 143g、マイクロソフト7g)
染料……ブルー、イエロー
香料……バニラ(8%、12ml)

<道具>
基本の道具(P.18参照)
バット(あらかじめ離型剤を塗ったもの)
星のクッキー型

1 ワックスを用意する。

2 作業台の上に、染料を少しずつ削り出す。

3 マーブル模様に使う2色の染料を多めに削り出して用意しておく。

4 用意したワックスを溶かし、温度を100℃に調節し、バニラの香料を注ぎ入れる。

5 ワックスの温度を90℃になるように調節し、鍋から直接、ステンレスバットにワックスを流し入れる。

6 ピンセットで、削り出した染料を少しずつ乗せる。

7 わりばしで少しずつかき混ぜる。

8 マーブル模様になるように、線を描くようにしてかき混ぜる。

9 かき混ぜながら、色が足りないところに削った染料を追加する。

10 9を繰り返し、マーブル模様をつくる。模様をつくり終えたら、そのまま動かさずに固める。

11 ワックスがヨウカンぐらいの固さになったら、星のクッキー型を押していく。

12 目打ちで、星の上部にリボンを通すための穴をあける。

13 すべて穴をあけたところ。

14 固まったら、バットとワックスを離す(P.67参照)。

15 上から指で押し、星の形を取り出して完成(飾るときはリボンなどを通す)。

ハロウィンガーランドサシェ
〜ハロウィンモチーフのサシェ〜

<材料>
PM5ブレンドワックス……150g
(パラフィン135°F 143g、マイクロソフト7g)
顔料……オレンジ(コウモリはブラックを使用、オバケは顔料なし)
香料……バニラ(8%、12ml)

<道具>
基本の道具(P.18参照)
小さいシリコンモールド、またはバット(あらかじめ離型剤を塗ったもの)
ハロウィンのクッキー型

1 ハロウィンのクッキー型を用意する。

2 かぼちゃのワックスサシェ2個分の、シリコンモールドを用意する。そのほかのクッキー型も必要な分に合わせて型を用意する。

3 ワックスを溶かして着色し、バニラの香料を入れてシリコンモールドに注ぐ(P.87参照)。ヨウカンぐらいの固さになったらクッキー型を押す。

4 数が少ない場合は、大きいバットではなく、小さいシリコンモールドで代用可能。両手でしっかりと押さえる。

5 2つのかぼちゃの型を押したところ。

6 完全に固まったら型から取り出して抜き、目打ちで穴をあけて完成。

Winter

クリスマスオーナメントサシェ

クリスマスカラーのアロマワックスサシェ。
ラメのように輝くパイバーワックスが、
モミの木を彩るオーナメントにぴったり。

Chapter 4 季節をたのしむアロマワックスサシェ 91

クリスマスオーナメントサシェ

<材料>
【ワックス】
・パラフィンワックス……59g
・バイバーワックス……1g（全体量の1％添加）
染料……ケリーグリーン
香料……ナイトアトラクション（8％、5ml）
ヒイラギの葉
ペッパーベリー（ディッピングしたもの）

<道具>
基本の道具（P.18参照）
バット（あらかじめ離型剤を塗ったもの）
ヒイラギのクッキー型

1 ヒイラギのクッキー型を用意する。中にヒイラギの葉とディッピングしたペッパーベリーを入れ、完成図をつくる。

2 ワックスを用意する。

3 2つのワックスを別々に溶かして着色した後、70℃になったらナイトアトラクションの香料を注ぎ入れる。

4 ワックスの温度を85℃まで再加熱する。

5 鍋から直接、ステンレスバットにワックスを流し入れる。

6 型を抜く前に、ワックスの表面にクッキー型をイメージで合わせて、素材の配置場所を確認する。

7　ワックスの表面に薄い膜が張ったら、ピンセットを使って6で決めた位置に素材を乗せる。

8　ワックスがヨウカンぐらいの固さになったら、完成図をイメージしながら、クッキー型を乗せる。そのまま両手で押し、型をつける。

9　ヒイラギの型がついたところ。

10　目打ちで穴をあける。

11　完全に固まるまで待つ。固まったら、バットの対角線上を持ち、ひねるようにしてワックスとバットを離す。

12　左手側にバットを倒し、バー状のワックスを取り出す。

13　上から指で押し、ヒイラギの形を取り出して完成。飾るときはリボンなどを通す。

左の白いサシェは染料なし、中央の赤いサシェは染料にバーガンディーを用いて、緑のサシェと同じように、好きな飾り素材を乗せてつくる。

Chapter 4　季節をたのしむアロマワックスサシェ

Winter

ニットツリー

セーターの編目模様をまとったツリーたち。
寒い冬の家のなかに、
ほっこりとしたぬくもりを与えてくれます。

ニットツリー
～シンプルなグレー～

<材料>
PM50ブレンドワックス……2000g
（パラフィン135°F 1000g、マイクロソフト 1000g）
染料……グレー
香料……ラベンダー（8％、160ml）

<道具>
基本の道具（P.18参照）
ニット柄シリコンシート
方眼紙、テープ

1 ニット柄のシリコンシートを用意する。

2 1に合わせ、方眼紙を写真のような形に切り出す。完成品を自立させるため、箱の深さは2cm以上にする。

3 方眼紙を組み立ててテープでとめる。箱の底面がニット柄シートになる。

4 ワックスを用意する。

5 ワックスを溶かしてから染料を削り出す。少しずつ削り、色味を調整する。

6 ワックスの温度を70℃に調節する。

7 ラベンダーの香料を注ぎ入れる。

8 ワックスの温度を85℃まで上げる。

9 3の箱にワックスを鍋から直接、流し入れる。

10 ワックス全体がヨウカンほどの固さになったところ。この上に、P.99の型紙を写しとった方眼紙を乗せる。

11 カッターで型紙通りにツリーの形を切り出す。

12 箱の四隅に貼ったテープをはがす。自然に、箱とワックスがはがれる。

13 ツリーの上下にカッターで切れ目を入れる。

14 余分なワックスを取り除く。

15 取り出して、カッターで余分なところを削って形を整えたら完成。

ニットツリー
～ホワイトのケーブル編みつき～

<材料>
PM50ブレンドワックス……500g
(パラフィン135°F 250g、マイクロソフト 250g)
染料……ホワイト
香料……ラベンダー(8%、40ml)

<道具>
基本の道具(P.18参照)
ニット柄シリコンシート、方眼紙、テープ、定規
＊P.96～97と同じ方法で、型紙を使って
小さなホワイトのツリーをあらかじめつくります

1 作業台にクッキングシートを広げ、両端をわりばしなどの重しでとめる。ツリーの残りのワックスを温めなおし、スプーンを使ってクッキングシートの上に広げる。

2 ワックスがシート状に固まったら、定規とカッターで等間隔に4本の切れ目を入れる。

3 ヒモ状になったワックスを1枚ずつはがす。

4 3つのヒモを、三つ編みを編むようにして、上から編み込む。途中で固まってしまったら、ハロゲンヒーターやドライヤーなどをワックスにあてて、温めなおすとよい。

5 ケーブルが編めたら、裏面に残ったワックスをのりのように少しつける。

6 あらかじめつくっておいたツリーの上に乗せる。はみ出た部分をはさみで切って完成。

ニットツリーの型紙

ツリーの形を方眼紙に写しとって使用してください。いずれも原寸大です。お気に入りのクッキー型でも、深さがあれば代用できます。

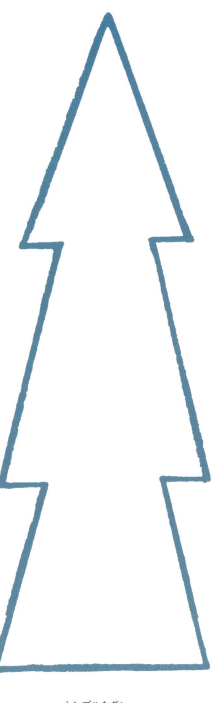

シンプルなグレー

ホワイトのケーブル編みつき

Chapter 5

大切な人に贈る
アロマワックスサシェ

アロマワックスサシェは、特別な日の贈り物にぴったり。大切なあの人へ、いつもの感謝の気持ちやお祝いの想いをこめて贈りましょう。オリジナルのアロマワックスサシェが、きっとあなたの大切な人の家のなかでも、見る楽しみと香る喜びを与えるはずです。

for father & mother

フォトフレームサシェ

父の日、そして母の日だけでなく、
さりげないギフトとしてもおすすめ。
離れて暮らすあの人にも、やさしいアロマの香りが届きます。

Chapter 5　大切な人に贈るアロマワックスサシェ

フォトフレームサシェ
〜 for father 〜

<材料>
ソイワックス（ソフトタイプ）……30g
香料……ローズマリー（8%、2.5ml）
フォトフレーム
英字新聞、ラスカス、メガネのチャーム

<道具>
基本の道具（P.18参照）、マスキングテープ

1　フォトフレームを用意する。

2　フォトフレームの裏面にマスキングテープを貼る。

3　四方をしっかりマスキングする。これで、裏面にワックスが流れ込むのを防ぐことができる。

4　飾り素材を用意する。

5　英字新聞をフォトフレームの大きさに合わせて切り、飾り素材をフレームの中に入れて完成図をつくる。

6　ワックスを用意する。

7　ワックスを溶かし、温度を50℃に調節する。

8　ローズマリーの香料を追加する。

9　再び、ワックスの温度が45℃前後になるまで調節する。

10　鍋から直接、フォトフレームのガラス面にワックスを注ぎ入れる。フレームとガラス面の段差部分にちょうどワックスが固まる。

11　固まってきたら、一番下の飾り素材を乗せる。紙の素材は、軽く乗せるようにしてピンセットで飾りつける。

12　手早く、次の素材を乗せる。

13　すべての素材を乗せ、完全に固まったら完成。

Memo

フォトフレームサシェ 〜 for mother 〜

つくりかたは、"for father"と同じ。ある程度、固まったワックスの上に、ドライフラワーと紙でつくったミニブーケと飾り素材を乗せます。"Thank you"の文字は、キャンドルペンで描きましょう（キャンドルペンの使い方はP.121を参照）。

for freinds

レターサシェ

友達へのギフトに添えたい、レター型のサシェ。
本物のスタンプをワックスに押した、
シーリングがおしゃれ。

Chapter 5　大切な人に贈るアロマワックスサシェ　107

レターサシェ

<材料>
【レター用ワックス】
・みつろう（漂白タイプ）……100g
・パラフィンワックス135°F……50g
・パラフィンワックス115°F……50g
香料……ローズ（5%、10ml）

【シーリングスタンプ用ワックス】
PM50ブレンドワックス……10g
（パラフィン135°F 5g、マイクロソフト 5g）
顔料……ワインレッド（P.106～107ではブラウンも使用）

<道具>
基本の道具（P.18参照）
シリコンバット、方眼紙、
クッキー型、シーリングスタンプ

1　P.111の封筒の型紙を写しとり、方眼紙を切っておく。

2　ワックスを用意する。3つのワックスを別々の鍋で溶かし、1つの鍋に注ぎ入れる。

3　ワックスの温度を70℃に調節する。

4　ローズの香料を注ぎ入れる。

5　ワックスの温度を85℃まで上げる。

6　鍋から直接、シリコンバットにワックスを注ぎ入れる。

7　ヨウカンほどの固さにワックスが固まったら、シリコンバットからはがすようにして取る。

8　1でつくった型紙をワックスの上に乗せる。

9　型紙に合わせてカッターでワックスを切る。

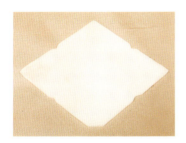

10　切り取ったところ。

11　封筒をつくるのと同じようにして、一番下の辺を上に折りたたむ。

12　左右の辺を折りたたむ。

13　左右の辺を折りたたんだところ。

14　一番上の辺を重ねるようにして折りたたむ。

15　封筒の形に折ったところ。

16 クッキーの型を用意する。サイズが小さいものは、シュガークラフト用のものがよい。

17 P.108の余ったワックスを使って、16 のクッキー型で型を抜く。ところどころ、飾り素材として使うと華やかになる（P.106〜107参照）。

18 シーリングスタンプを用意する。

19 シーリングスタンプ用ワックスを溶かし、顔料で着色したらクッキングシートの上に円形に広げる。

20 ワックスが少し固まったらシーリングスタンプを押す。

21 余分なところはもう少し固まってからはさみで切り取る。

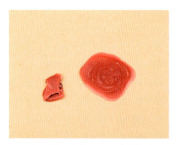

22 切り取ったところ。左側の切り取ったところを再度鍋に入れて溶かし、のりづけ用のワックスとして使う。

23 22 のワックスを封筒の上にたらす。

24 22 の右側のスタンプ型ワックスをつけて、完成。

レターサシェの型紙

封筒の形を方眼紙に写しとって使用してください。本書に掲載している作品と同じ大きさにする場合は、この型紙を150％拡大コピーして使ってください。

for him

スティックサシェ

ワックスをくるくると丸めたスティックサシェ。
甘すぎないフォルムとカラーで
男性のお部屋にも飾りやすいから、
きっと喜ばれるはず。

Chapter 5　大切な人に贈るアロマワックスサシェ　113

for baby

ミニベアサシェ

出産祝いや、1歳の記念に……。
小さなベアのサシェは、見る人の顔をほころばせます。
イニシャルから数字、お花まで好きなアレンジを楽しんで。

Chapter 5　大切な人に贈るアロマワックスサシェ　115

スティックサシェ

<材料>
【ワックス】
・みつろう（漂白タイプ）……30g
・パラフィンワックス135°F……15g
・パラフィンワックス115°F……15g
顔料……イエロー
香料……サンダルウッド（5%、3ml）
マリーゴールド（ドライフラワー）

<道具>
基本の道具（P.18参照）、ステンレスバット、クリップ

1 ステンレスバットにクッキングシートを重ね、クリップで4か所とめて固定する。

2 ワックスを用意する。3つのワックスを別々の鍋で溶かし、1つの鍋に注ぎ入れる。

3 イエローの顔料を少しずつ入れる。

4 顔料を足し入れ、色味を調節する。

5 ワックスの温度を70℃に調節する。

6 サンダルウッドの香料を注ぎ入れる。

7 ワックスの温度を85℃まで上げる。

8 ドライフラワーのマリーゴールドを用意し、ステンレスバットのそばに置く。

9 鍋から直接、バットにワックスを注ぎ入れる。

10 マリーゴールドを少しずつ入れる。

11 ワックスの全面に行きわたるまで、手早く入れる。

12 ワックス全体がおおよそ固まったら、クリップを外し、クッキングシートごとワックスを取り出す。

13 クッキングシートをめくるようにしてはがす。

14 ワックスを取り出したところ。

15 左端から丸めるようにして2〜3回折りたたむ。

16 スティックの形ができたら、カッターで切る。

17 切り取ったスティックの端が丸くなるよう、手で成型する。

18 上下の部分を手で丸め、全体的になめらかなスティックの形になるよう、整える。

19 さらに両手を使って、作業台の上で転がす。ならして、棒状にする。

20 15〜19を繰り返して、完成。

＜顔料と中に入れるものの組み合わせ＞
左から順に、顔料：ライトローズ／素材：ローズ（ドライフラワー）、
顔料：ライトグリーン／素材：グリーンのカスミソウ（プリザーブドフラワー）、
顔料：パープル／素材：ラベンダー（ドライフラワー）、
顔料：ターコイズ／素材：ホワイトのカスミソウ（プリザーブドフラワー）。つくり方は、P.116〜118に同じ。

ミニベアサシェ

<材料>
【ワックス】
・パラフィンワックス135°F……30g
・パルバックスワックス……30g
顔料……ターコイズ
香料……レモン（8%、5ml）

<道具>
基本の道具（P.18参照）、輪ゴム
ベアのシリコンモールド
（P.57～58の香水のビンと同じ方法で、雑貨のベアを使ってシリコン型をつくる）

1 ワックスを用意する。

2 あらかじめつくっておいたベアのシリコン型を用意し、輪ゴム3本で全体を巻いておく。

3 ワックスを鍋に溶かし、顔料を入れる。

4 少しずつ顔料を足して色味を調節する。

5 ワックスの温度を70℃に調節する。

6 レモンの香料を入れる。

7 ワックスの温度を85℃まで上げる。

8 鍋から直接、ワックスをベアのシリコンモールドに流し入れる。

9 すべてのワックスを流し入れたところ。

10 ワックスが固まったら輪ゴムをはずし、両手で下側の切り込みからはがす。

11 ゆっくりと型からワックスを取り出す。

12 取り出したところ。気になるところは、はさみやカッターで切り取って成型する。

フラワーを飾る

ミニベアに花を飾って、より華やかな作品に。

1 ベアをつくるのに使ったワックスの余りを再度加熱する(写真はホワイトのベアの余り)。のり状に溶けたワックスを、プリザーブドフラワーの裏面につける。

2 ベアにつければ、完成。

数字を飾る

1歳の記念や誕生日……。
数字をもたせれば、
グッとメッセージ性が深まります。

1 P.66の方法でPM5ブレンドワックスを溶かし、イエローで着色する。加熱して型に流し込む。

2 ワックスが固まったところ。取り出してP.120の「フラワーの飾り方」と同じようにベアにつければ完成。

キャンドルペンを使う

手書きで思いを伝えましょう。

1 キャンドルペン（ワックスの表面に直接文字を書くことができる液体のワックス）を用意する。色はゴールド。

2 P.66の方法でPM5ブレンドワックスを溶かし、円形のクッキー型で抜く。

3 キャンドルペンで直接2に文字を書く。一気に液体が出すぎないように気をつけて。

4 書き終えたところ。書いた文字が固まるまで乾かす。

5 ワックスが固まったら、P.120の「フラワーの飾り方」と同じようにベアにつければ完成。

アロマワックスサシェをリサイクルする

再利用できるのもアロマワックスサシェのうれしいところ。その手順を紹介します。

リサイクルのポイント

 年数が経ったものは、ワックスが劣化している恐れがあるので NG。

 ひどく汚れたものも、NG。

 一度つくってはみたものの、形が納得いかない……。
やりなおしたいときは、新しいワックスを用意するのではなく、失敗作をリサイクルすれば OK。

 使い終わったアロマワックスサシェは、シンプルなキャンドルに仕立ててもOK。

クッキー型を使った作品の余りをリサイクルする

<材料>
型を抜き終えたワックス

<道具>
基本の道具(P.18を参照)

1　P.64のサクラのサシェをつくり終えた状態のワックス。

2　空の鍋に、1を割り入れる。

3　すべて割り入れたところ。

4　火を入れて、ワックスを溶かす。

5　完全に溶かしたところ。

6　溶かしたら、余っているシリコンモールドに注ぐ。固まったら、キューブ状のワックス素材として保管しておけば、次の作品づくりに使用できる。

使用済みの作品をリサイクルする

<材料>
使い終えたワックス

<道具>
基本の道具(P.18を参照)
シリコンモールド

1　ホコリなどの汚れが付着していないか、確認してきれいにする。

2　鍋に入れ、火にかける。

3　少しずつワックスが溶けてきたところ。

4　わりばしで、上に乗っていた飾りを取る。

5　飾りはキッチンペーパーの上に置く。

6　溶けたワックスのみの状態になったら、余っているシリコンモールドに注ぐ。固まったら、キューブ状のワックス素材として保管しておけば、次の作品づくりに使用できる。

失敗した作品をリサイクルする

<材料>
失敗してしまった作品

<道具>
基本の道具(P.18を参照)

失敗しても
めげずに
再トライ!!

NGの作品　　　　　　　OKに!

P.124と同じ手順でサシェを溶かし、新たなワックスとして再利用を。飾り素材は新しいものを用意して。

Candle Studio 代官山とは

社団法人日本キャンドル協会直営のキャンドル教室です。

関東では「代官山本校(東京)」、関西では「心斎橋校(大阪)」にてレッスンを開催中。エリア・インテリア・設備・インストラクター、すべてにこだわった空間で、キャンドルづくりに必要な知識・技術を楽しんで習得することができます。

アロマワックスサシェをはじめ、気軽にキャンドルづくりをしたい方は体験レッスンを、本格的にキャンドルづくりを学び、資格取得・教室開業を目指す方は、キャンドルクラフト／アーティスト／インストラクターコースを。

何か新しいこと、楽しいことをはじめたい方、キャンドルに少しでも興味のある方は、ぜひCandle Studio 代官山に遊びに来てください。

さまざまなコース

体験レッスン

約2時間でつくれる、カンタンなキャンドル作成体験レッスン。その時々によって、体験できる内容は異なります。詳細はお問い合わせください。

ボタニカルコース

アロマワックスサシェをはじめ、ボタニカルキャンドルなど、植物とキャンドルを組み合わせた作品づくりを4回に分けて習得するコースです。

ワンタイムレッスン

1回のコースで、ボタニカルグラスキャンドルや、イニシャル型サシェなどひとつの作品づくりのテクニックを習得するレッスンです。

キャンドルパティシエコース

カップケーキからアイシングクッキー、マカロンタワー……。どれもスイーツと間違えてしまいそうなキュートな作品ばかり。全4回のコースです。

Candle Studio 代官山

〒153-0051
東京都目黒区上目黒1丁目10番3号　代官山三番館3階
TEL：03-6873-7850
Mail：info@candle-studio.jp

おすすめのシリコンモールド・ショップリスト

アロマワックスサシェづくりになれてきたら、きっといろんな形のサシェづくりに挑戦したくなるはず。そんな想いに応えてくれる、さまざまなシリコンモールドを取り扱うショップを紹介します。

Ever garden
シリコンモールドの専門店。
平面から立体まで、さまざまなシリコンモールドがそろう。
http://www.rakuten.co.jp/evergarden/

laetitia
手づくり石けん用のシリコンモールドショップ。
アロマワックスサシェのモールドとしても使うことが可能。
http://laetitia-sapo.com/

kitchen master
製パン・製菓・シュガークラフト専門店。
シリコンモールド以外にも、クッキーの抜型、
シュガークラフトクッキー用の抜型など、製菓用品が多くそろう。
http://store.shopping.yahoo.co.jp/kitchenmaster/

このほか、デパートや大型文具店の製菓用コーナーや、合羽橋（東京）などの問屋街でも、様々なシリコンモールドの取り扱いがあります。
＊上記のショップは、いずれもアロマワックスサシェのお店ではありません。つくり方やワックスのことについては、お問い合わせすることができませんので、あらかじめご了承ください。

＊本書の情報は、2016年11月現在のものです。内容の変更などが発生する場合があることをあらかじめご了承ください。

著者
Candle Studio 代官山

社団法人日本キャンドル協会が直営するキャンドル教室。代官山本校のほか、大阪の心斎橋校でもレッスンを開催中。エリア・インテリア・設備・インストラクター、すべてにこだわった空間で、キャンドルづくりに必要な知識・技術を楽しんで習得できる。体験レッスンから、キャンドルクラフト／アーティスト／インストラクターコースまで本格的な講座も開催中。本書の作品の製作指導は、キャンドルスタジオ代官山講師陣。
http://candle-studio.jp

Staff
撮影……佐伯智美（カバー、口絵）、勅使河原 真
デザイン……辻 祥江
スタイリング……伊東朋恵
編集協力……荻生 彩（株式会社スリーシーズン）
編集ディレクター……編笠屋俊夫
進行管理……中川 通、渡辺 塁、牧野貴志

撮影協力：
AWABEES　東京都渋谷区千駄ヶ谷 3-50-11-5 階／03-5786-1600
UTUWA　　東京都渋谷区千駄ヶ谷 3-50-11-1 階／03-6447-0070

かんたん手づくり！
アロマワックスサシェ

2016 年 11 月 10 日　初版第 1 刷発行

著者	Candle Studio 代官山
発行人	穂谷竹俊
発行所	株式会社日東書院本社 〒160-0022　東京都新宿区新宿 2 丁目 15 番 14 号　辰巳ビル TEL：03-5360-7522（代表）　FAX：03-5360-8951（販売） URL：http://www.TG-NET.co.jp
印刷所	図書印刷株式会社
製本所	株式会社セイコーバインダリー

定価はカバーに記載しております。本書掲載の写真・イラスト・記事等の無断転載を禁じます。
乱丁・落丁はお取り替え致します。小社販売部までご連絡ください。

＜読者のみなさまへ＞
本書の内容に関する問い合わせは、お手紙かメール（info@TG-NET.co.jp）にて承ります。
恐縮ですが、お電話でのお問い合わせはご遠慮くださいますようお願い致します。

©Nitto Shoin Honsha Co.,Ltd. 2016　©Candle Studio Daikanyama
Printed in Japan
ISBN978-4-528-02122-8 C2077